RÉPUBLIQUE FRANÇAISE

LIBERTÉ — ÉGALITÉ — FRATERNITÉ

VILLE DE PARIS

LES FÊTES de la

Municipalité de Paris

Inauguration

du

Musée Historique de la Ville de Paris

et de la

Bibliothèque Historique de la Ville de Paris

(Hôtel Carnavalet et hôtel Lepelletier de Saint-Fargeau)

IMPRIMÉ A L'ÉCOLE MUNICIPALE ESTIENNE

Juillet 1899

[4]

CONSEIL MUNICIPAL DE PARIS

INAUGURATION

DU

MUSÉE HISTORIQUE DE LA VILLE

ET DE LA

BIBLIOTHÈQUE HISTORIQUE

(Hôtel Carnavalet et hôtel Lepelletier de Saint-Fargeau)

(4)

RELATION OFFICIELLE

de l'inauguration

DU

MUSÉE HISTORIQUE

DE LA VILLE DE PARIS

(Hôtel Carnavalet)

ET DE LA

BIBLIOTHÈQUE HISTORIQUE

DE LA VILLE DE PARIS

(Hôtel Lepelletier de Saint-Fargeau)

LE

JEUDI 23 JUIN 1898

PARIS

IMPRIMERIE DE L'ÉCOLE MUNICIPALE ESTIENNE

18, BOULEVARD D'ITALIE, 18

1899

(4)

CONSEIL MUNICIPAL
DE PARIS

INAUGURATION DU MUSÉE HISTORIQUE
ET DE LA BIBLIOTHÈQUE HISTORIQUE
DE LA VILLE DE PARIS
23 juin 1898

FLVCTVAT NEC MERGITVR

BUREAU

DU

CONSEIL MUNICIPAL DE PARIS

(Élu à l'ouverture de la première session ordinaire de 1898, le 4 mars).

PRÉSIDENT :

M. NAVARRE.

VICE-PRÉSIDENTS :

MM. Adolphe CHÉRIOUX.

ASTIER.

SECRÉTAIRES :

MM. Charles GRAS.

L. ACHILLE.

Adrien VEBER.

Ernest MOREAU.

SYNDIC :

M. Léopold BELLAN.

ADMINISTRATION

DE

LA VILLE DE PARIS ET DU DÉPARTEMENT DE LA SEINE

Préfet de la Seine : M. de SELVES.

Secrétaire général de la Préfecture de la Seine : M. BRUMAN.

Préfet de Police : M. Charles BLANC.

Secrétaire général de la Préfecture de Police : M. LAURENT.

SERVICES ADMINISTRATIFS

Directeur des Finances : M. FICHET.
— de l'Enseignement primaire : M. BEDOREZ.
— de l'Assistance publique : M. NAPIAS.
— de l'Octroi : M. DELCAMP.
— du Mont-de-Piété : M. DUVAL.
— des Affaires municipales : M. MENANT.
— des Affaires départementales : M. LE ROUX.
— des Travaux : M. DEFRANCE.
— des Services d'Architecture : M. BOUVARD.

SERVICES TECHNIQUES

Service des Eaux : M. HUMBLOT, inspecteur général des Ponts et Chaussées.
— de la Voie publique : M. BOREUX, ingénieur des Ponts et Chaussées.
— des Égouts : M. BECHMAN, ingénieur des Ponts et Chaussées.

SECRÉTARIAT DES CONSEILS MUNICIPAL ET GÉNÉRAL

Chef de Service : M. F.-X. PAOLETTI.

République Française

LIBERTÉ ✶ ÉGALITÉ ✶ FRATERNITÉ

Monsieur le Président de la République assistera à l'Inauguration du Musée Carnavalet & de la Bibliothèque historique de la Ville de Paris, le Jeudi 23 Juin 1898.

La Municipalité de Paris prie M.

de lui faire l'honneur d'assister à cette cérémonie qui aura lieu à 3 heures précises 23, Rue de Sévigné.

Carte d'Invitation rigoureusement personnelle

8

FAÇADE DE L'HOTEL LEPELLETIER DE SAINT-FARGEAU

FAÇADE DE L'HOTEL CARNAVALET

INAUGURATION

DU

MUSÉE CARNAVALET

ET DE LA

BIBLIOTHÈQUE HISTORIQUE

DE LA VILLE DE PARIS

Les travaux de restauration et d'agrandissement de l'hôtel Carnavalet, acheté par la Ville de Paris en 1866 en vue d'y installer le Musée historique de la Capitale et la Bibliothèque publique de la Ville de Paris, ne furent sérieusement entrepris qu'en 1874, sur un projet étudié par M. Roguet, architecte.

Ils ne furent achevés qu'en 1890, d'après un second projet dressé par M. Bouvard, approuvé par délibération du Conseil municipal du 5 août 1886. Ce second projet comprenait l'achèvement du bâtiment, où fut incorporée la façade de l'ancien hôtel

2

de la corporation des drapiers. Il impliquait aussi l'établissement, sur le nouvel alignement de la rue des Francs-Bourgeois, d'une galerie au rez-de-chaussée et au premier étage, et d'une porte monumentale érigée à l'aide des matériaux de l'ancienne grille de la Préfecture de Police dite « arc de Nazareth ».

La dépense de ces travaux d'appropriation et d'agrandissement du vieil hôtel Carnavalet, bâti par Pierre Lescot, décoré par Jean Goujon et transformé par Mansard, se monta à 361.000 francs.

L'incendie de l'Hôtel de Ville, en 1871, avait fait disparaître la Bibliothèque de la Ville de Paris. Confisquée, le 27 ventôse an V, au profit de l'Institut de France, elle fut reconstituée par de généreuses donations et par les achats irréguliers de la Municipalité.

Avec patience, le Conseil municipal, admirablement secondé par M. Cousin, qui fit don à la Ville de Paris de sa superbe collection de livres et qui fut le premier conservateur de Carnavalet, s'appliqua à reconstituer pour la troisième fois sa Bibliothèque historique. D'importantes donations, notamment celle de la collection de M. de Liesville, des envois des diverses Administrations et les libéralités du Conseil municipal permirent d'y annexer, en 1880, un Musée historique, composé principalement d'objets d'art ou d'antiquités trouvés dans le sol de la Capitale, de tableaux, sculptures, dessins, estampes et médailles ou d'objets relatifs à l'histoire de Paris ou à la période de la Révolution française. Le public fut admis à Carnavalet en 1875.

Le Musée et la Bibliothèque prospérèrent si rapidement que, bientôt, l'hôtel Carnavalet, cependant singulièrement agrandi, devint insuffisant pour abriter et surtout pour mettre en valeur les collections du Musée et les ouvrages de la Bibliothèque historique.

Le Conseil municipal résolut alors de transférer la Bibliothèque dans l'ancien hôtel Lepelletier de Saint-Fargeau et de consacrer toutes les salles de l'hôtel Carnavalet au Musée historique de la Ville de Paris.

L'hôtel Lepelletier de Saint-Fargeau, pris en location, fut relié au Musée Carnavalet par une galerie passant au-dessus du lycée de filles Victor-Hugo, et, pour ne pas s'exposer aux ennuis d'un nouveau déménagement de la Bibliothèque historique de la Ville, l'Administration préfectorale fut autorisée à acquérir cet hôtel, par délibération du 14 décembre 1897.

Promptement installée par les soins de M. Gravigny, architecte, la nouvelle Bibliothèque fut organisée par M. P. Le Vayer, pendant que M. Georges Cain, continuant l'œuvre de M. Cousin et du regretté Faucou, ses prédécesseurs, aménageait les salles de l'ancienne demeure de la marquise de Sévigné et classait, dans ses antiques salons ou dans les nouvelles salles, les mille objets rares ou curieux légués à la Ville ou acquis par cette dernière, les innombrables souvenirs et objets d'art presque inconnus, faute de place, du grand public et même des érudits.

Cette mise en valeur des trésors du Musée Carnavalet et cette inauguration des nouveaux locaux de la Bibliothèque historique furent célébrées par une visite du Président de la République, le 23 juin 1898.

M. Félix Faure arriva dans la cour d'honneur du Musée Carnavalet à 3 heures, accompagné de M. Rambaud, ministre de l'Instruction publique, du général Hagron, secrétaire général de la Présidence de la République, et de M. Le Gall, directeur de son cabinet civil. Le Président de la République prit immédiatement place sur une estrade, ayant à sa droite M. le docteur Navarre, président du Conseil municipal, et, à sa gauche, M. de Selves, préfet de la Seine.

Les autres fauteuils du premier rang étaient occupés : à droite, par M. le Ministre de l'Instruction publique, M. Charles Blanc, préfet de Police, M. Adolphe Chérioux, vice-président du Conseil municipal, M. Tantet, maire du IIIᵉ arron-

dissement; à gauche, par M. Puech, député du
IIIe arrondissement, M. Thuillier, président du Conseil général, M. Astier, vice-président du Conseil
municipal, M. L. Achille, conseiller municipal du
quartier, M. Léopold Bellan, syndic du Conseil
municipal. Les autres sièges étaient occupés par
M. le général Hagron, secrétaire général de la
Présidence; M. Le Gall, directeur du cabinet civil;
les conseillers municipaux de Paris; les conseillers
généraux, les députés et les sénateurs de la Seine;
les membres de la Municipalité du IIIe arrondissement; MM. les Secrétaires généraux de la Préfecture de la Seine et de la Préfecture de Police; les
directeurs et chefs de service des deux Préfectures;
M. Roujon, directeur des Beaux-Arts; de nombreux
invités appartenant au monde des lettres, des sciences
et des arts, et les représentants de la presse parisienne.

Discours de M. le Président du Conseil municipal

M. Navarre, président du Conseil municipal, a prononcé le discours suivant :

MONSIEUR LE PRÉSIDENT DE LA RÉPUBLIQUE,

Au nom de mes collègues du Conseil municipal, au nom de la population tout entière, permettez-moi de vous remercier d'avoir bien voulu, en assistant à cette cérémonie, nous apporter un nouveau témoignage de votre haute sympathie. J'espère, d'ailleurs, que vous en garderez un bon souvenir.

Vous aimez, Monsieur le Président, à rappeler votre origine parisienne, et rien ne peut être plus émouvant pour un cœur parisien qu'une visite, j'allais dire un pèlerinage, aux innombrables objets réunis ici et qui racontent si éloquemment l'histoire de la grande Ville et chantent sa gloire.

MESSIEURS,

C'est presque un nouveau Carnavalet que nous inaugurons aujourd'hui, un Carnavalet agrandi, enrichi de dons et d'acquisitions nouvelles, et cependant c'est bien toujours Carnavalet. Ceux qui ont présidé à sa transformation n'ont eu garde, en effet, d'oublier que la plus belle pièce du Musée municipal est encore le merveilleux hôtel dont nous pouvons, du point même où nous sommes, admirer la grande allure et la décoration délicate, la vieille maison dont Pierre Lescot a fixé la primitive et superbe ordonnance, que le ciseau de Jean Goujon a illustrée d'admirables sculptures, que Mansard a modifiée et complétée avec le pieux souci d'en respecter la savante harmonie, établissant ainsi pour créer cette œuvre une collaboration étroite entre les deux plus grandes époques de notre architecture nationale.

Je ne referai ni l'histoire ni la description tant de fois faites de l'hôtel construit, vers 1545, pour Jacques des Ligneries, seigneur de Crosne, président au Parlement de Paris, sur les terrains acquis aux religieux de la Culture-Sainte-Catherine. Je n'évoquerai aucun de ses anciens habitants, ni la marquise de Carnavalet qui lui donna son nom, ni M. d'Argouges qui le fit remanier et compléter par Mansard, ni même la belle et spirituelle Mme de Sévigné, qui l'habita vingt ans et dont il garde encore avec tant d'intensité le souvenir prestigieux.

Je passerai plus vite encore sur les temps d'éclipse où la noble maison devient le domicile d'un fermier général, où, après de nombreuses vicissitudes, elle a la mauvaise fortune d'abriter les bureaux de la Censure, qui émigrent de Carnavalet pour le laisser en proie à des établissements variés d'enseignement.

Il est dans la vie des monuments, comme dans la vie des hommes, des périodes de tristesse sur lesquelles il vaut mieux ne pas s'appesantir, surtout dans les jours de fête comme celui-ci, et c'est seulement parce qu'il éclate aujourd'hui dans tout le rayonnement de sa nouvelle jeunesse, parce qu'il a repris fièrement et majestueusement sa place au grand soleil, que j'ose rappeler au vieil hôtel ses jours mélancoliques d'autrefois.

Je veux le prendre en 1866, au moment où la Ville de Paris l'adopte dans le but d'y installer son Musée et sa Bibliothèque.

Hélas! les jours sombres de l'année terrible, avec leur cortège de préoccupations et d'angoisses, vinrent bientôt interrompre l'exécution de ce projet; et c'est seulement en 1876 que les administrateurs de la Cité purent reprendre la tâche commencée.

Le premier fonds de la Bibliothèque fut formé par la propre bibliothèque de M. Jules Cousin, et le premier fonds du Musée fut constitué par l'admirable collection d'Alfred de Liesville, l'une et l'autre généreusement données à la Ville par leurs propriétaires.

Ce que fut l'œuvre de ces deux hommes, ce que fut le Carnavalet de Jules Cousin, d'Alfred de Liesville et, plus tard, de Lucien Faucou, vous en avez tous gardé le souvenir.

Dans ces locaux insuffisants, ils entassèrent des trésors; pendant des années, opiniâtrément, avec foi, avec ferveur, ils poursuivirent l'œuvre de constitution de nos collections parisiennes. Leur temps, leurs travaux, leur savoir d'érudits, leur passion de collectionneurs, ils mirent tout cela au service de Paris, s'acharnant à réunir tous les vestiges de son histoire, tous les documents de son passé, toutes les traces des manifestations de sa vie intérieure et de son rôle public.

Livres, tableaux, estampes, objets d'art ou de simple curiosité, autographes et monnaies, meubles et céramiques, pierres sculptées ou curieuses enseignes, tout ce

qui pouvait raconter authentiquement une page d'histoire
de la Cité fut par eux recueilli pieusement.

De là, dans des salles trop étroites, dans des greniers
exigus, ce prodigieux entassement de merveilles artis-
tiques et de documents qui fit l'étonnement des suc-
cesseurs de MM. Cousin et Faucou et donnait à l'ancien
Carnavalet l'aspect d'une boutique d'antiquaire, dont
le pittoresque fouillis eût tant réjoui Balzac, mais où
les travailleurs perdaient un temps précieux dans des
recherches toujours laborieuses et parfois stériles.

Après l'œuvre première de constitution des collections,
une œuvre nouvelle s'imposait. Il fallait mettre tout cela
en valeur, en permettre la consultation rapide, l'étude
facile. C'est à ce travail érudit que se sont consacrés,
aidés de collaborateurs dévoués, M. Georges Cain, pour
le Musée, et M. Le Vayer, pour la Bibliothèque.

La première nécessité pour réaliser un classement
méthodique et une exposition rationnelle était l'augmen-
tation de l'espace.

Pour obtenir ce premier résultat, la Ville de Paris fit
l'acquisition de l'hôtel Lepelletier de Saint-Fargeau et y
transféra la Bibliothèque.

Dans la rapide visite que nous ferons tout à l'heure
à l'hôtel Lepelletier, vous pourrez, Messieurs, jouir d'un
effet de contraste architectural frappant. De style simple
et sévère, ce bel hôtel, construit en partie sur les terrains
de l'ancien hôtel d'Orgeval, vers le milieu du règne de
Louis XIV, par Michel Lepelletier, conseiller au Parlement, resta dans sa descendance. A l'époque de la Révolution, il fut la résidence du conventionnel Lepelletier de
Saint-Fargeau, assassiné par le garde Pâris et dont le

3

buste figurait partout pendant la période révolutionnaire, à côté de celui de Marat, comme l'image d'un « martyr de la liberté ».

L'hôtel fut acquis, en 1896, par la Ville de Paris, et notre Bibliothèque y a trouvé une somptueuse hospitalité. Le classement en est à peu près terminé, et son dévoué et distingué conservateur, M. Le Vayer, aidé de notre cher et savant docteur Robinet, vient de commencer à en dresser le catalogue. Parmi les coïncidences singulières dont fourmille l'histoire, n'est-elle pas frappante, celle qui fait, de cette ancienne demeure de conventionnel, l'abri d'une collection de documents consacrés à la Révolution française et la transforme en cabinet de travail pour l'enthousiaste historien de Danton?

Par suite du déménagement de la Bibliothèque, le Musée se trouvait augmenté de sept salles, dont l'installation et l'aménagement formaient, avec le remaniement des dix-sept salles anciennes, la tâche du nouveau conservateur, M. Georges Cain.

En parcourant, dans quelques instants, ces vingt-quatre salles, vous pourrez juger, Messieurs, quelle activité, quel amour de Paris, quelle sûreté de goût M. Georges Cain a mis au service de cette œuvre.

Dans les salles nouvelles, le départ des livres, la démolition des casiers laissaient à nu des murs en fort mauvais état. Or les réserves du Musée contenaient d'admirables boiseries anciennes, que le défaut de place y avait fait reléguer pendant vingt ans. Il suffisait d'employer ces richesses, de les compléter par quelques heureuses acquisitions, de les raccorder par des moulages intelligents, respectant soigneusement le caractère et le style de l'époque, pour reconstituer en des milieux appropriés de merveilleux échantillons d'art décoratif, formant dans leur ensemble une véritable histoire de l'ornementation parisienne au xviiᵉ et au xviiiᵉ siècle.

Les pièces ainsi restaurées devenaient d'adorables salles d'exposition. Les richesses de tous genres qui y sont contenues sont divisées en trois groupes : Topographie parisienne, Histoire parisienne, Art parisien ou salles de style.

Je n'entreprendrai pas d'en faire une description, si courte soit-elle ; elle sera remplacée avec avantage par la promenade à laquelle nous vous convions et qu'il appartient à M. Georges Cain de diriger. Il est bien légitime de laisser à celui qui, depuis des mois, apporte à l'aménagement de ces salles son zèle de collectionneur et son goût d'artiste, la joie d'en montrer les trésors.

Mais, avant de terminer, j'ai un impérieux et agréable devoir à remplir, c'est celui de remercier, au nom de tous les Parisiens, tous ceux qui, à des titres très divers, soit par des dons magnifiques, soit par de généreux sacrifices consentis sur le prix des objets cédés, soit par leur travail personnel, ont contribué à enrichir et à embellir notre Musée. Ils sont si nombreux que, de peur d'en oublier, je n'en nommerai aucun ; je les prie seulement et en toute sincérité de recevoir ici l'expression publique de notre reconnaissance. Je connais assez leur amour des belles œuvres et des belles actions, leur passion pour le grand Paris, pour être assuré qu'ils trouvent dans ces sentiments leur véritable récompense.

Il est cependant un nom que je veux prononcer, convaincu d'être approuvé par tous nos donateurs, parce que ce nom est en quelque sorte symbolique. Ce nom est celui d'Alfred de Liesville, le grand bienfaiteur du Musée. Entre tous, son souvenir est ici fidèlement gardé, la trace de sa vie est empreinte dans toute cette maison, qui lui doit de n'être pas seulement un Musée parisien, mais aussi le plus riche et le plus évocateur des Musées de la Révolution.

Messieurs,

Avec la coquetterie d'une très grande dame qui montre ses papiers de famille et étale fièrement son antique généalogie, la Ville de Paris va faire parcourir à ses invités les fastes de sa glorieuse histoire. Mais les parchemins de la vieille Cité révolutionnaire sentent la poudre, et c'est souvent la poussière des barricades qui s'en échappe. C'est la trace des initiatives généreuses et des longues batailles pour la liberté qui éclate partout ici, et c'est aussi le souvenir des luttes héroïques pour la défense de la patrie. Paris est si intimement mêlé à la vie nationale, son histoire est si étroitement liée à l'histoire de notre pays, il a une telle part dans son œuvre émancipatrice, que ce Musée municipal dit aussi haut la grandeur de la France que la grandeur de Paris.

Discours de M. le Préfet de la Seine

M. de Selves, préfet de la Seine, a ensuite pris la parole en ces termes :

MONSIEUR LE PRÉSIDENT,

La Ville de Paris poursuit depuis des siècles le but essentiellement élevé de justifier son titre de capitale de la France et de reine du monde des lettres, des sciences et des arts.

Elle veut être belle, pour mieux exercer son action séductrice sur tous ceux qui la visitent.

Elle veut, dans toutes les grandes œuvres de progrès social ou scientifique, être l'initiatrice, pour mieux étendre partout son rayonnement bienfaisant.

Et c'est une justice à rendre à tous ceux qui ont participé, à des titres divers, à son administration, qu'ils ont, avec une logique toujours persévérante et jamais interrompue, poursuivi ce but, ne négligeant aucun des détails qui devaient amener à sa réalisation :

Faire de Paris le foyer qui donne la vie à toutes les manifestations du progrès humain ;

Faire qu'il soit aussi le grand Conservatoire où s'enregistrent et se gardent, pour écrire l'histoire de demain ou pour servir de point de départ à de nouveaux et plus considérables progrès, les traces de ces manifestations.

Voilà un programme bien fait pour tenter, à toutes les époques, les esprits les plus généreux.

Avoir une Bibliothèque de la Ville de Paris, c'est-à-dire « faire passer à la postérité les fastes dont l'Hôtel de Ville possède les preuves dans son sein », était l'un des éléments indiqués de ce problème, et ce fut Michel-Étienne Turgot, père de l'économiste et prévôt des marchands, qui, dans les termes mêmes que je viens d'avoir l'honneur de vous citer, en formula l'idée.

La collection rassemblée par les soins de Turgot fut bien modeste; mais c'est l'idée qui l'avait inspirée qui devait, par une succession de faits que je me bornerai à énoncer, nous amener, Monsieur le Président, à la constitution des services que vous avez consenti à inaugurer aujourd'hui.

Un bibliophile passionné, Antoine Moriau, procureur du roi et de la Ville, se chargea d'accroître la nouvelle Bibliothèque, en faisant à la Ville de Paris la magnifique donation de sa bibliothèque personnelle de quatorze mille volumes imprimés, deux mille manuscrits, et de cinq cents portefeuilles contenant vingt mille pièces rares, cartes, plans, médailles, estampes.

Le local où la Ville logea ses collections n'était point loin d'ici. L'hôtel Lamoignon, à l'angle de la rue Pavée et de la rue des Francs-Bourgeois, les abrita longtemps.

De généreux donateurs augmentèrent les richesses de la Ville. M. du Fresne d'Aubigny lui donna la superbe collection des plans gravés et manuscrits de l'abbé de la Grive.

Le 13 avril 1763, l'inauguration en eut lieu.

Le Corps de ville se transporta à l'hôtel Lamoignon.

« Ainsi, disent les documents du temps, les magistrats municipaux de la capitale du royaume, qui, par leurs soins, procurent à ses habitants toutes les commodités utiles à la vie, pourront encore, pour cet établissement, se glorifier de leur avoir ouvert un trésor propre à enrichir leur esprit. »

La Bibliothèque s'accrut encore, et, lorsque la Révolution éclata, elle comptait plus de vingt-cinq mille volumes et plus de deux mille manuscrits.

Mais l'Institut venait d'être créé, et un arrêté du 27 ventôse an V (sur la légalité duquel je désire garder le silence) donna à l'Institut la Bibliothèque de la Ville.

L'article 2 de cet arrêté contenait cette disposition caractéristique :

« Le présent arrêté ne sera pas imprimé. »

La Ville de Paris s'attacha aussitôt à reconstituer une seconde Bibliothèque, qu'elle installa à l'ancien Hôtel des Vivres Saint-Antoine, puis au quai d'Austerlitz, attendant que les salles Saint-Jean de l'Hôtel de Ville fussent préparées pour la recevoir. Lorsqu'elle fut transférée et définitivement installée à l'Hôtel de Ville, elle comprenait cent vingt mille volumes.

L'incendie de l'Hôtel de Ville, en 1871, la fit disparaître et, pour la deuxième fois, la Ville de Paris se trouva sans Bibliothèque.

C'est à M. Jules Cousin, à la personne duquel nous ne saurions payer un trop grand tribut d'hommages, et que nous sommes mille fois heureux de saluer et de remercier en ce jour, qu'appartient l'honneur d'avoir reconstitué la troisième Bibliothèque de la Ville de Paris.

Nommé bibliothécaire un an avant l'incendie, il offrit à la Ville ses collections personnelles, composées de six mille volumes et de quatorze mille estampes.

En 1872, une Commission municipale décida que la nouvelle Bibliothèque ne serait pas une bibliothèque générale, mais une collection locale, restreinte aux ouvrages, estampes, plans et cartes relatifs à l'histoire de Paris.

Complètement séparée de la Bibliothèque administrative, d'un caractère essentiellement parisien, elle fut installée à l'hôtel Carnavalet, près de l'hôtel Lamoignon, qui avait été son berceau. C'est là qu'elle fut ouverte au public en 1875, dans la maison où durant vingt ans avait régné Mme de Sévigné au milieu d'une cour de familiers qui s'appelaient Turenne, Condé, Bossuet, etc.

Elle reçut bientôt un accroissement considérable. M. de Liesville offrit, en effet, sa riche collection de livres, d'estampes, de médailles, faïences et objets divers sur l'histoire de la Révolution française.

Aussi, le 29 février 1880, un arrêté préfectoral complétait-il la Bibliothèque par un Musée historique, composé d'objets d'art et d'antiquités trouvés dans le sol parisien, de tableaux, sculptures, dessins, estampes et médailles relatifs à l'histoire de Paris et de la Révolution.

Les libéralités du Conseil municipal, celles de généreux donateurs ont permis à Carnavalet d'acquérir, en peu de temps, un développement remarquable, et le coquet hôtel où nous sommes est devenu insuffisant.

C'est alors que la Ville décide de faire l'acquisition de l'hôtel Lepelletier de Saint-Fargeau, dans cette même rue de Sévigné, pour y transférer la Bibliothèque.

Nul édifice ne pouvait mieux lui convenir. Sa majestueuse simplicité, les souvenirs historiques qu'il évoque,' depuis l'abbé de Saint-Victor et Mme d'Orgeval jusqu'au conventionnel Lepelletier de Saint-Fargeau, l'indiquaient pour le service des Travaux historiques.

Il nous a paru qu'à cette séparation matérielle il convenait d'ajouter une séparation administrative, et, le 14 décembre 1897, un arrêté préfectoral a indiqué qu'à l'avenir le service des Travaux historiques et la Bibliothèque historique d'une part, le Musée Carnavalet d'autre part, constitueraient deux services distincts.

Nous avons en effet pensé, avec le Conseil municipal, que cette division (étant donnée l'importance des deux services) ne pouvait être que féconde.

Le zèle éclairé et le goût artistique de M. Cain, conservateur du Musée Carnavalet, le dévouement et l'érudition de M. Le Vayer, conservateur de la Bibliothèque Lepelletier de Saint-Fargeau, nous sont de sûrs garants de leur prospère avenir.

Les généreux donateurs, des fervents amis de Paris, les libéralités du Conseil municipal compléteront cette œuvre pieuse, essentiellement consacrée à Paris et créée pour être la fidèle gardienne de son histoire.

Monsieur le Président,

Je ne saurais finir sans parler d'une mesure que j'ai prise à la demande du Conseil municipal, et qui couronne admirablement, à mon avis, l'œuvre commencée ici.

4

Le 15 novembre 1897, un érudit, un homme entre tous dévoué aux souvenirs de Paris, M. Alfred Lamouroux, déposait à la tribune du Conseil municipal une proposition invitant l'Administration à créer une Commission composée de conseillers municipaux, de chefs de service, d'artistes, de techniciens, chargés de rechercher les vestiges du vieux Paris, de veiller autant que possible à leur conservation, de suivre les transformations jugées indispensables et d'en conserver des preuves authentiques.

Le Conseil municipal se prononça favorablement et la Commission a été constituée.

Elle fonctionne régulièrement, et Carnavalet renferme déjà des preuves de l'esprit d'intelligente recherche et de clairvoyante sagacité des membres qui la composent, et dont les noms seuls suffisent à dire son caractère de haute valeur.

MONSIEUR LE PRÉSIDENT,

Bien des dates précisent les efforts réalisés par les élus de Paris pour le bien et la gloire de la grande Cité.

La cérémonie de ce jour, que votre présence marque d'un éclat particulier, sera, grâce à vous, une date historique de plus.

LA LECTURE, de Chatrousse

VISITE DU MUSEE

BIBLIOTHÈQUE HISTORIQUE

M. le Président de la République a ensuite conféré les palmes académiques à MM. Pètre, Debraux, Gérard et Beaurepaire, attachés aux services du Musée et de la Bibliothèque ; puis il a remis la croix de chevalier de la Légion d'honneur à M. Alfred Lamouroux, conseiller municipal, vice-président de la Commission du Vieux Paris, auquel il adressa une allocution pour le complimenter et le remercier de ses travaux d'érudition sur la Capitale.

M. le Président de la République, suivi du cortège officiel et des invités, a visité, sous la conduite du conservateur, M. Georges Cain, les salles du Musée Carnavalet. Il a longuement admiré les riches collections relatives à la topographie du vieux Paris et à l'histoire de la Révolution, ainsi que les huit salons nouveaux, décorés de boiseries de style.

Après s'être arrêté au buffet, dressé dans la salle des Échevins, le Président de la République s'est inscrit sur le Livre d'Or du Musée, en se servant du porte-plume fabriqué spécialement pour

LL. MM. II. le Tsar et la Tsarine, lors de l'inauguration du pont Alexandre-III.

Le cortège se rendit ensuite à l'hôtel Lepelletier
de Saint-Fargeau, où, dans la cour d'honneur, l'at-
tendait M. Le Vayer, conservateur, entouré de tout
le personnel de la Bibliothèque. Après avoir parcouru
la salle des Usuels, la salle publique de lecture —
où se trouve un splendide portrait de Michelet par
Couture — et les salles du dépôt des livres et de
la réserve, le Président de la République admira
quelques-uns des spécimens les plus intéressants
des ouvrages anciens et modernes de la riche Bibliothèque : une *Charte de Louis VII* relative au prieuré
d'Argenteuil, les deux volumes du célèbre *Missel* de
1479, une *Vie de saint Éloi* par saint Ouen, très
curieux manuscrit du xive siècle, le *Livre processionnel*
de Notre-Dame de Paris (1761), divers manuscrits
de Boileau et de Voltaire, une collection des
Comptes de la Ville et une suite de reliures de style,
de Nicolas Ève à nos maîtres relieurs contempo-
rains.

M. Félix Faure et sa suite se retirèrent à 4 heures
et demie et, dès le lendemain, le Musée et la Bibliothèque furent accessibles au public.

LISTE

Par ordre d'Arrondissements et de Quartiers

DE MM. LES MEMBRES

DU CONSEIL MUNICIPAL DE PARIS

1er ARRONDISSEMENT.

Quartier Saint-Germain-l'Auxerrois.
Edmond GIBERT, ancien négociant, quai de la Mégisserie, 8.

Quartier des Halles.
Alfred LAMOUROUX, docteur en médecine, rue de Rivoli, 150.

Quartier du Palais-Royal.
Alexis MUZET, ancien négociant, rue des Pyramides, 3.

Quartier de la Place-Vendôme.
DESPATYS, ancien magistrat, place Vendôme, 22.

2e ARRONDISSEMENT.

Quartier Gaillon.
BLACHETTE, représentant de commerce, rue Saint-Augustin, 33.

Quartier Vivienne.
CARON, avocat, ancien agréé, rue Saint-Lazare, 80.

Quartier du Mail.
Léopold BELLAN, négociant, rue des Jeûneurs, 30.

Quartier Bonne-Nouvelle.
REBEILLARD, joaillier-sertisseur, rue Grenéta, 54.

3e ARRONDISSEMENT.

Quartier des Arts-et-Métiers.
BLONDEL, avocat, boulevard Beaumarchais, 93.

Quartier des Enfants-Rouges.
Louis LUCIPIA, publiciste, rue Béranger, 15.

Quartier des Archives.
L. ACHILLE, négociant, rue du Temple, 178.

Quartier Sainte-Avoye.
PUECH, avocat à la Cour d'Appel, boulevard de Sébastopol, 104.

5

4e ARRONDISSEMENT.

Quartier Saint-Merri.
OPPORTUN, ancien commerçant, rue des Archives, 13.

Quartier Saint-Gervais.
PIPERAUD, ancien chef d'institution, rue du Roi-de-Sicile, 10.

Quartier de l'Arsenal.
Charles VAUDET, homme de lettres, boulevard Morland, 14 *bis*.

Quartier Notre-Dame.
RUEL, propriétaire, rue de Rivoli, 54.

5e ARRONDISSEMENT.

Quartier Saint-Victor.
SAUTON, architecte, rue Soufflot, 24.

Quartier du Jardin-des-Plantes.
Charles GRAS, lithographe, boulevard Saint-Michel, 133.

Quartier du Val-de-Grâce.
LAMPUÉ, propriétaire, boulevard de Port-Royal, 72.

Quartier de la Sorbonne.
André LEFÈVRE, chimiste, rue de l'École-Polytechnique, 14.

6e ARRONDISSEMENT.

Quartier de la Monnaie.
BERTHELOT, professeur agrégé, rue Mazarine, 11.

Quartier de l'Odéon.
ALPY, docteur en droit, avocat à la Cour d'Appel, rue Bonaparte, 68.

Quartier Notre-Dame-des-Champs.
DEVILLE, avocat à la Cour d'Appel, rue du Regard, 12.

Quartier Saint-Germain-des-Prés.
PRACHE, avocat à la Cour d'Appel, rue Bonaparte, 30.

7e ARRONDISSEMENT.

Quartier Saint-Thomas-d'Aquin.
Ambroise RENDU, docteur en droit, avocat à la Cour d'Appel, rue de Lille, 36.

Quartier des Invalides.
Roger LAMBELIN, publiciste, rue Saint-Dominique, 30.

Quartier de l'École-Militaire.
LEROLLE, avocat à la Cour d'Appel, avenue de Villars, 10.

Quartier du Gros-Caillou.
Arsène LUPIN, publiciste, quai d'Orsay, 105.

8ᵉ ARRONDISSEMENT.

Quartier des Champs-Élysées.
QUENTIN-BAUCHART, avocat et homme de lettres, rue François-Iᵉʳ, 31.

Quartier du Faubourg-du-Roule.
CHASSAIGNE-GOYON, docteur en droit, avocat, rue de la Boétie, 110.

Quartier de la Madeleine.
FROMENT-MEURICE, orfèvre, rue d'Anjou, 46.

Quartier de l'Europe.
Louis MILL, avocat à la Cour d'Appel, rue de Monceau, 83.

9ᵉ ARRONDISSEMENT.

Quartier Saint-Georges.
Paul ESCUDIER, avocat à la Cour d'Appel, rue Moncey, 20.

Quartier de la Chaussée-d'Antin.
Max VINCENT, avocat à la Cour d'Appel, rue de la Victoire, 58.

Quartier du Faubourg-Montmartre.
CORNET, ancien négociant, rue de Trévise, 6.

Quartier Rochechouart.
Félicien PARIS, avocat à la Cour d'Appel, rue Baudin, 31.

10ᵉ ARRONDISSEMENT.

Quartier Saint-Vincent-de-Paul.
Georges VILLAIN, publiciste, rue de Maubeuge, 81.

Quartier de la Porte-Saint-Denis.
HATTAT, négociant, rue de l'Aqueduc, 21.

Quartier de la Porte-Saint-Martin.
THUILLIER, entrepreneur de plomberie, rue de Paradis, 20.

Quartier de l'Hôpital-Saint-Louis.
FAILLET, comptable, boulevard de la Villette, 19.

11ᵉ ARRONDISSEMENT.

Quartier de la Folie-Méricourt.
PARISSE, ingénieur des arts et manufactures, rue Fontaine-au-Roi, 49.

Quartier Saint-Ambroise.
LEVRAUD, docteur en médecine, boulevard Voltaire, 98.

Quartier de la Roquette.
FOUREST, médecin-vétérinaire, avenue Parmentier, 6.

Quartier Sainte-Marguerite.
CHAUSSE, ébéniste, avenue Philippe-Auguste, 64.

12e ARRONDISSEMENT.

Quartier du Bel-Air.
Marsoulan, fabricant de papiers peints, rue de Paris, 90 (Charenton).

Quartier de Picpus.
John Labusquière, publiciste, rue de Rivoli, 4.

Quartier de Bercy.
Colly, imprimeur, rue Baulant, 11.

Quartier des Quinze-Vingts.
Pierre Baudin, avocat à la Cour d'Appel, avenue Ledru-Rollin, 83.

13e ARRONDISSEMENT.

Quartier de la Salpêtrière.
Paul Bernard, avocat à la Cour d'Appel, rue Lebrun, 3.

Quartier de la Gare.
Navarre, docteur en médecine, avenue des Gobelins, 30.

Quartier de la Maison-Blanche.
Henri Rousselle, commissionnaire en vins, rue Humboldt, 25.

Quartier Croulebarbe.
Alfred Moreau, corroyeur, boulevard Arago, 38.

14e ARRONDISSEMENT.

Quartier du Montparnasse.
Ranson, représentant de commerce, rue Froidevaux, 6.

Quartier de la Santé.
Dubois, docteur en médecine, avenue du Maine, 165-167.

Quartier du Petit-Montrouge.
Champoudry, géomètre, rue Sarette, 25.

Quartier de Plaisance.
Georges Girou, comptable, rue des Plantes, 42.

15e ARRONDISSEMENT.

Quartier Saint-Lambert.
Chérioux, entrepreneur de maçonnerie, rue de l'Abbé-Groult, 107.

Quartier Necker.
Bassinet, entrepreneur, rue de Vouillé, 47.

Quartier de Grenelle.
Ernest Moreau, forgeron, rue du Théâtre, 150.

Quartier de Javel.
Daniel, modeleur-mécanicien, rue Saint-Charles, 143.

16e ARRONDISSEMENT.

Quartier d'Auteuil.
Le Breton, ingénieur, rue Chardon-Lagache, 47.

Quartier de la Muette.
N...

Quartier de la Porte-Dauphine.
Gay, publiciste, rue de la Faisanderie, 26.

Quartier de Chaillot.
Astier, pharmacien, avenue Kléber, 72.

17e ARRONDISSEMENT.

Quartier des Ternes.
Paul Viguier, publiciste, avenue Carnot, 9.

Quartier de la Plaine-Monceau.
Bompard, docteur en droit, rue de Prony, 65.

Quartier des Batignolles.
Clairin, avocat à la Cour d'Appel, rue de Rome, 133.

Quartier des Épinettes.
Paul Brousse, docteur en médecine, avenue de Clichy, 81.

18e ARRONDISSEMENT.

Quartier des Grandes-Carrières.
Adrien Veber, avocat à la Cour d'Appel, rue Lepic, 53.

Quartier de Clignancourt.
Fournière, publiciste, rue Caulaincourt, 129.

Quartier de la Goutte-d'Or.
Breuillé, correcteur d'imprimerie, rue Stephenson, 45.

Quartier de la Chapelle.
Blondeau, charron, rue de la Chapelle, 112.

19e ARRONDISSEMENT.

Quartier de la Villette.
Vorbe, fondeur, rue Armand-Carrel, 1.

Quartier du Pont-de-Flandre.
Brard, employé, rue de l'Ourcq, 58.

Quartier d'Amérique.
Charles Bos, publiciste, rue des Mignottes, 6.

Quartier du Combat.
Grébauval, homme de lettres, rue de la Villette, 47.

20e ARRONDISSEMENT.

Quartier de Belleville.

BERTHAUT, facteur de pianos, rue des Couronnes, 122.

Quartier Saint-Fargeau.

ARCHAIN, correcteur typographe, rue Pelleport, 165.

Quartier du Père-Lachaise.

LANDRIN, ciseleur, rue des Prairies, 81.

Quartier de Charonne.

PATENNE, graveur, rue des Pyrénées, 89.

Imprimerie de l'École Estienne. — R. VILNET, metteur en pages.

www.ingramcontent.com/pod-product-compliance
Lightning Source LLC
Chambersburg PA
CBHW060747280326
41934CB00010B/2396